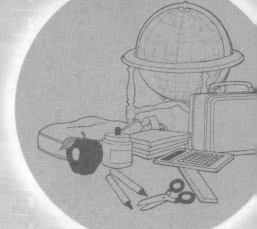

國小低年級教室實務評量

Assessment of Practices in Early Elementary Classrooms

APEEC

U0067158

M. L. Hemmeter, K. L. Maxwell

M. J. Ault & J. W. Schuster　著

郭李宗文、劉學融　譯

Assessment of Practices in Early Elementary Classrooms (APEEC)

MARY LOUISE HEMMETER

KELLY L. MAXWELL

MELINDA JONES AULT

JOHN W. SCHUSTER

TEACHERS COLLEGE PRESS

Teachers College, Columbia University
New York and London

作者介紹

Mary Louise Hemmeter 曾任肯塔基大學特殊教育學系和復健諮商學系副教授。自 2001 年 8 月起擔任伊利諾大學香檳分校特殊教育學系副教授。Hemmeter 教授在奧本大學（Auburn University）取得幼兒教育和特殊教育的學士學位。她在范德堡大學（Vanderbilt University）取得學前特殊幼兒教育碩士以及教育與人類發展學博士學位。她曾任多元特殊幼兒諮商委員會的理事長。她的研究興趣包含在幼稚園和國小低年級教室中之有效教學法、語言發展與介入、幼兒和國小課程的評估。

Kelly L. Maxwell 為北卡羅來納大學教堂山分校 Frank Porter Graham 兒童發展中心的研究員。她也擔任北卡羅來納大學教堂山分校附設教育學院的臨床助理教授。Maxwell 教授於 1986 年在伊利諾州立大學取得心理學的學士學位，並於 1993 年在北卡羅來納大學教堂山分校取得學校心理學博士學位。她的研究興趣包含學前與國小低年級的個別化及適性發展實務、學校準備度和幼兒時期的創始性評估。

Melinda Jones Ault 現任肯塔基大學特殊教育學系和復健諮商學系副研究員。她在肯塔基大學取得初等和特殊教育的學士及碩士學位。她是位經認證的國小及特殊教育教師，曾任國小教師，並進行了十五年的教育性研究。Ault 女士共同執筆關於中度到重度障礙學生教學策略的教科書。她的研究興趣為重度障礙人士的教學法與特殊兒童進入普通班的融合教育。

John W. Schuster 現任肯塔基大學特殊教育學系和復健諮商學系教授及研究所主任。他在阿拉巴馬大學取得學士學位，於哥倫比亞教育學院取得碩士學位，並於 1987 年在肯塔基大學取得博士學位。他的研究興趣包含對特殊學生有效且高效率的教學法、遠距學習、偏遠地區的教育和人力準備。

譯者簡介

郭李宗文（原名李宗文）

大學開始即修習幼兒教育專業領域，歷經輔仁大學家政系學士、美國愛荷華大學碩士、美國北科羅拉多大學博士。曾任托兒所保育員，現任國立台東大學幼兒教育學系副教授，教授幼兒學習環境相關課程多年。幼教行政、高瞻課程、親職教育，及原住民教育為其教學及研究的主要領域。

劉學融

國立台東大學幼兒教育學系學士，將於 2007 年 9 月成為國立嘉義大學幼兒教育研究所碩士生。

譯者序㈠

快完成之前的譯作（《幼兒學習環境評量表－修訂版》，*ECERS-R*）時，心理出版社林總編輯來信詢問是否願意翻譯 *APEEC*。翻譯雖非我的專業，但是這些年來在指導研究生時，發現研究生對於國外的相關量表使用度低，多為配合論文的需要，以自行發展問卷的方式來進行資料蒐集，又因評量工具的不同，造成無法用相同的標準來比較國內與國外的相關研究，覺得甚為可惜，所以接下這個翻譯案。*APEEC* 與 *ECERS-R* 的量表格式相似，而評量的教學空間也有年齡上的接續，最重要的是許多適性課程相關的小學低年級研究，多使用 *APEEC* 作為評量的工具。若此翻譯可以幫助大學部的學生了解國外的低年級教室的狀況，間接提升其教室規劃及課程內容；另一方面讓研究生或研究人員方便使用此工具以蒐集研究資料，可比較國內外研究的資料進行更深入的討論，即是我繼續翻譯相關評量表的主要動力。當然不可諱言地，這份量表內容與目前國內的低年級教室環境仍有一些不同，所以不論是現場教師的使用或者研究上的使用，可能還需要一些調整。也希望有心人士能將這份量表在國內大量使用後，針對學理及台灣的文化再提出可改進的方向。

在國外學者到班級內進行交流活動時，發現學融的英文能力不錯，學融有意繼續升學，所以願意嘗試此量表的翻譯。這份量表的翻譯工作他花了很多心思，我也很高興看到年輕人如此專注負責的表現。

感謝心理出版社願意投入量表的翻譯出版，讓我們可以很方便使用這份量表。最後要謝謝我的家人，在我忙碌於工作時給我支持——爸、媽、蔣先生、捷捷和凱凱，謝謝你們！

宗文

于砂城

04/09/2007

譯者序㈡

「你為什麼要把別人的積木弄倒呢？來，跟○○說對不起，然後到旁邊站著想一想。」譯者曾在教學現場遇過此狀況。看著不明確的動線規劃和擁擠的活動空間，以及孩子無辜的眼神，不禁心想，這是孩子的故意還是環境安排上的不利所造成的結果？身為教師，若只看到眼前行為的後果，則很容易認定孩子的不是，往往忽略了環境安排的影響力。而在此例子中，也可發現師生間語言的使用上，似乎是教師主導整段對話，較少讓孩子表達的機會，此亦為本書的著眼點之一。

「昔孟母，擇鄰處」，中國古代孟母三遷的故事勾勒出環境對學習的重要性。兒童除了待在家的時間外，一天中大部分的時間在學校中學習，因此學校環境的優劣與否，深深影響兒童的成長與學習。學校教育除了正式課程（formal curriculum）外，潛在課程（hidden curriculum）的力量也不容小覷，它包含了有形（如：硬體設備）與無形（如：人際互動、文化）的因素，可謂無所不在。兒童在自然的情境中潛移默化的學習，因此適切的學習環境將有助於兒童的學習與成長。

此《國小低年級教室實務評量》（APEEC）是設計於幼稚園至國小三年級的教室中使用，量表中所謂的環境，不單指硬體設備，更包含了人與人之間的互動，可分為硬體環境、教學環境、社會性環境等三大面向。在閱讀題項的同時，讀者可以發現其中包含了許多受重視的教育論題，如：安全性、多元化、融合教育……等，相當適合在現今的教育現場使用。此量表是根據適性發展實務（developmentally appropriate practices, DAP）所發展而來的，因此在其中不難看出作者對年齡、個體、文化等三方面之適切性的重視。這是一本適合普通班和融合班教師用來對教室環境自我檢測的評量工具，並有具體的改善方針，也對適性教室實務提供了一些指導準則，相當具有參考價值。當然，良好的學習環境藍圖亦需要教師依據兒童的不同特性加上自身專業知能的判斷所構成，並非一味的將量表中的所有指標一一施行於教室即可，其中賦予相當多的彈性空間。

最後，特別感謝郭李宗文教授給予本人參與翻譯工作的機會。並將此譯作獻給親愛的父母，今日的成果來自他們的鼓勵與支持。翻譯過程中，與郭李宗文教授討論並來回校稿多次，以期能呈現出最好的成品，但不免疏漏，盼望各界先進不吝指正。期望藉由此量表中譯版的發行，教育工作者們能更正視學習環境的重要性，為兒童提供合適的學習環境；就另一方面而言，希望兒童能在適切的環境中學習及成長。

劉學融 謹識

誌謝

此《國小低年級教室實務評量》（*Assessment of Practices in Early Elementary Classrooms, APEEC*）是結合許多人的努力所發展而來的，他們貢獻其特殊領域的專業知識。我們想感謝以下人員，他們的付出大大地改善此成品的品質。

我們受益並特別感謝《幼兒學習環境評量表－修訂版》（*Early Childhood Environment Rating Scale-Revised Edition, ECERS-R*）的作者 Thelma Harms、Richard M. Clifford 和 Debby Cryer 在概念、技術和實務上所提出的寶貴建議，他們領導先鋒的努力使我們較容易發展出《國小低年級教室實務評量》（*APEEC*）。設計《國小低年級教室實務評量》（*APEEC*）時，我們採用與《幼兒學習環境評量表－修訂版》（*ECERS-R*）相同的基本編排。值得注意的是，相似的編排和《幼兒學習環境評量表－修訂版》（*ECERS-R*）作者所提供的建議並不意味著替《國小低年級教室實務評量》（*APEEC*）背書。

我們感謝在學前續接方案（Follow-Through）研究協會的同事——Don Bailey、Carl Dunst、R. A. McWilliam、Christine Salisbury、Carol Trivette、Peg Werts 和 Mark Wolery 所提供的周詳指導；並特別感謝 Robin McWilliam 慷慨分享他在評量工具效度方面的知識。

學前續接方案研究協會的諮詢委員會在發展過程中提供回饋的有：Ronald Anderson、Sue Bredekamp、Michael Caruso、Rose Cipollone、Richard Clifford、Carol Sue Englert、Elisabeth Healy、Bob McLaughlin、Samuel Odom、Sally Sloop、Dean Tuttle、Gary Winkler 和 David Yoder。Annemarie Palincsar 與 Ed Blackhurst 擔任評量工具的技術顧問。

我們感謝肯塔基大學職員們的幫忙。Rebecca Blair Gateskill 將檢閱者的意見輸入電腦並協助郵寄工作；Dee Hill 提供像祕書工作般珍貴的協助；肯塔基大學特殊教育學系和復健諮商學系的 William Berdine（系主任）和 Marcia Bowling 則提供行政上的協助。

數名幼兒教育和學前特幼的專家（包括實務工作者和研究人員）重新檢閱此量表，他們有創見的回饋與詳細的編輯工作都呈現在最終的成品上。檢閱人員包括：Jane Atwater、Aparna Bagdi、Jill Bartello、Ellen Bollig、Peg Burchinal、Virginia Buysse、Carey Buzelli、Lisa Campbell-Froelich、Donna Carney、Lisa Carroll、Richard Clifford、Debby Cryer、Carol Ann Davis、Ann Denney、Karen Diamond、Linda Espinosa、Sharon Esswein、Lise Fox、Lori Gillis、Ann Hains、Craig Hart、Jan Hart、Marion Hyson、Judy Jurden、Jackie Kemerer、Jean Kirshner、Frank Kohler、Susan Kontos、Mary Lynn Lewis、Joan Lieber、Anne Manning、Susan McBride、Rozanne McCall、Mary McEvoy、Margaret McKee、Mary McLean、Angela Notari-Syverson、Susan Ott、Donald

Peters、Sandra Pilley、Bonney Markette Poremski、Jaipaul Rooprarine、Diane Sainato、Pat Snyder、Susan Stotts、Faith Tieszan 與 Jean Trohanis。

以下數名人員幫助我們蒐集評量工具的實地測試資料：肯塔基大學的 Rebecca Blair Gateskill、Janet Hovekamp、Cynthia Pendergrast 與 Kathy Watkins，及 Frank Porter Graham 兒童發展中心的 Paulette Chetney、Syndee Kraus、Beth Partington、Canby Robinson 和 Kim Sloper。我們感謝他們不倦的努力以及使用多重觀察評量時對細節上的注意。

我們想感謝 Frank Porter Graham 兒童發展中心的 Brian Sullivan，他在 Peg Burchinal 的帶領下分析了實地測試的資料。

我們最感謝的是所有允許我們去參觀他們教室的老師之慷慨大量。少了他們的協助，我們將無法發展《國小低年級教室實務評量》（APEEC）。

最後，《國小低年級教室實務評量》（APEEC）是在學前續接方案研究協會的支持下發展出來的，龐大資助來自美國教育部下的特殊教育與復健服務局之身心障礙兒童早期教育計畫。（Grant number HO24Q50001；研究召集人：Mark Wolery）

目錄

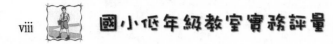

緒 論

　　美國幼兒教育學會（NAEYC）論點說明適性發展實務（developmentally appropriate practices, DAP）適用於出生到八歲的兒童身上，包含接受初等教育（一至三年級）的兒童（Bredekamp & Copple, 1997）。然而，多數的適性發展實務量表聚焦在出生到幼稚園階段的兒童，例如：《幼兒學習環境評量表－修訂版》（*ECERS-R*）（Harms, Clifford, & Cryer, 1998）與《幼兒教育課程評量檔案》（*Assessment Profile for Early Childhood Programs*）（Abbott-Shim & Sibley, 1988），以及在適性發展實務概念上的研究；較少研究在了解初等教育的適性發展實務。甚至更少將注意力集中在學齡階段特殊兒童的適性發展實務上。此《國小低年級教室實務評量》（*APEEC*）之發展是為了提供一個實用的工具給有興趣的實務工作者與研究人員使用，使其了解適合一般及特殊兒童之普通班教室中的國小實務（幼稚園到國小三年級）。《國小低年級教室實務評量》（*APEEC*）並非在評估特定的課程內容或詳細的師生互動，如果對這些領域有興趣，應該使用補充的量表。

發展過程

　　我們使用多重步驟來發展《國小低年級教室實務評量》（*APEEC*）。首先，我們檢閱了相關的文獻，特別是美國幼兒教育學會（NAEYC）的指導方針和學前特殊幼兒教育的文獻，以及依據我們的專業經驗來描繪出教室實務的三大面向：硬體環境、課程與教學，和社會性環境。這三個領域僅當作組織上的類目使用，並無打算成為次量表。第二，我們發展四十個題項，為七點量表格式，在 1、3、5、7 分點上有指標。在《國小低年級教室實務評量》（*APEEC*）題項上得分愈高，反映了愈高品質的教室，也應該聯想到兒童的正向表現。第三，我們藉著從幼兒教育和學前特殊幼兒教育的實務工作者和研究人員徵求回饋，來對《國小低年級教室實務評量》（*APEEC*）執行一項正式的檢閱。我們邀請在專業組織領域裡服務和在數種研究期刊裡評論的人員來參與檢閱。此外，我們請求每個人提名他們所認為能運作符合適性發展指標之低年級教室的傑出教師。這些實務工作者隨即被邀請來參與此檢閱過程。

　　六十名專家參與了此檢閱過程：三十名大學的教職員或研究機構的職員和三十名實務工作者。總體而言，四十六名（77%）專家繳回完整的檢閱資料──二十五名（83%）實務工作者和二十一名（70%）大學教職員。作者根據檢閱者的回饋來修訂《國小低年級教室實務評量》（*APEEC*），將題

項的數目從四十減為二十二。在修訂後，研發團隊在一些教室裡使用此量表。之後的修訂版則是基於這些觀察而來。

　　第四，我們於 1997 年的春季，在三十八個從幼稚園到國小三年級的教室裡為《國小低年級教室實務評量》（*APEEC*）蒐集評分員間一致性和效度的資料。雖然資料顯示《國小低年級教室實務評量》（*APEEC*）是個內部一致且有效度的適性發展實務量表，但是評分員間一致性的數值不高。作者基於 1997 年的實地測試資料來修訂《國小低年級教室實務評量》（*APEEC*），主要是闡明觀察者屢次看法不同的指標並將題項的數目從二十二縮減為十六。修訂的過程中，兩位作者再次在教室裡試驗性地測試《國小低年級教室實務評量》（*APEEC*）。最後，我們於 1998 年的春季，在六十九個教室裡實地測試此具有十六個題項的量表。此次實地測試的資料中顯示《國小低年級教室實務評量》（*APEEC*）是個內部一致、有效度的適性發展實務量表，並具有良好的評分員間一致性。

評分員間一致性與效度

　　在 1998 年對《國小低年級教室實務評量》（*APEEC*）的實地測試中，我們蒐集來自北卡羅來納州和肯塔基州之六十九個幼稚園到國小三年級教室的評分員間一致性和效度資料。總體而言，評分員間一致性的數值在指標、題項、總分的層級上是高的。評分員間一致性的資料適用於其中的五十九間教室。在指標的部分，縱橫一百三十五個指標，兩個觀察者間的內部一致性百分率平均為 86%，幅度從 76% 到 93%。在題項的部分，完全一致性的百分率平均為 58%，幅度從 31% 到 81%；差距 1 分之內的一致性百分率平均為 81%，幅度從 50% 到 100%。我們也計算了 Kappa 加權統計，那是以觀察者間一致和不一致之程度的一種信度測量（例如：一個 1 分的不一致相對於一個 4 分的不一致）（Cohen, 1968）。總體而言，將加權 Kappa 落在 .50 或以上視為一致性在可接受程度內。在《國小低年級教室實務評量》（*APEEC*）的十六個題項中，有十二個題項的加權 Kappa 值落在 .50 或以上。在剩餘的四個題項中，只有兩個題項的加權 Kappa 值落在 .47 以下，加權 Kappa 的中位數為 .59。表一（見 41 頁）呈現加權 Kappa 值及每個題項在完全一致性與差距 1 分之內的一致性之百分率。我們也調查了此量表內部一致性分析。在總分上，同一教室內兩位觀察者間的評分相關性為 .86。總之，這些資料顯示《國小低年級教室實務評量》（*APEEC*）可建立高度的評分員間一致性。

　　在六十九間教室中蒐集了《國小低年級教室實務評量》（*APEEC*）的效度資料。構念效度是建立在《國小低年級教室實務評量》（*APEEC*）和其他兩個適性發展量表——《幼兒教育課程評量檔案》（*Assessment Profile for Early Childhood Programs*）（Abbott-Shim & Sibley, 1988）和《教師信念與實務量表》（*Teacher Beliefs and Practices Scales, TBPS*）（Buchanan, Burts, Bidner, White, & Charlesworth, 1998; Charlesworth, Hart, Burts, Thomasson, Mosley, & Fleege, 1993）的比較上。我們選擇《幼兒教育課程評量檔案》作為效度的量表是因為它最近也使用於國小階段，儘管其原本是設計於學前環境中使

用。我們使用《教師信念與實務量表》（*TBPS*）中的適性發展和非適性發展的分數來比較《國小低年級教室實務評量》（*APEEC*）的觀察評分和教師們對其教室實務的看法。我們也使用了師生互動量表——《保育員互動量表》（*Caregiver Interaction Scale, CIS*）（Arnett, 1989）來與《國小低年級教室實務評量》（*APEEC*）做比較。表二（見 41 頁）呈現在這些量表間的皮爾遜（Pearson）相關係數。中高度的相關性顯示出《國小低年級教室實務評量》（*APEEC*）是個有效度的適性發展實務量表。

　　總體而言，《國小低年級教室實務評量》（*APEEC*）的評分員間一致性與效度資料顯示出其為評量幼稚園到國小三年級教室的個別化和適性發展實務之有效、可信的工具。仍需額外的研究來更進一步了解其心理測量特質。

參考文獻

Abbott-Shim, M., & Sibley, A. (1988). *Assessment Profile for Early Childhood Programs.* Atlanta, GA: Quality Assist.

Arnett, J. (1989). Caregivers in day-care centers: Does training matter? *Journal of Applied Developmental Psychology, 10,* 541-552.

Bredekamp, S., & Copple, C. (Eds.). (1997). *Developmentally appropriate practice in early childhood programs* (rev. ed.). Washington, DC: National Association for the Education of Young Children.

Buchanan, T. K., Burts, D. C., Bidner, J., White, F., & Charlesworth, R. (1998). Predictors of the developmentally appropriateness of the beliefs and practices of first, second, and third grade teachers. *Early Childhood Research Quarterly, 13,* 459-483.

Charlesworth, R., Hart, C. H., Burts, D. C., Thomasson, R. H., Mosley, J., & Fleege, P. O. (1993). Measuring the developmental appropriateness of kindergarten teachers. *Early Childhood Research Quarterly, 8,* 255-276.

Cohen, J. (1968). Weighted Kappa: Nominal scale agreement with provision for scaled disagreement or partial credit. *Psychological Bulletin, 70,* 213-220.

Harms, T., Clifford, R. M., & Cryer, D. (1998). *Early Childhood Environment Rating Scale (rev. ed.).* New York: Teachers College Press.

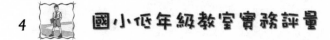

國小低年級教室實務評量（*APEEC*）使用說明

為了成功地使用《國小低年級教室實務評量》（*APEEC*），您必須博識於適性發展實務、國小低年級教室和特殊教育實務。您也需要讓自己熟悉題項、評分表和閱讀以下的施測使用說明。

環境

《國小低年級教室實務評量》（*APEEC*）是設計來評估幼稚園到國小三年級之普通班級教室（一天內至少部分時間包含特殊兒童）的實務。然而，它也可使用在沒有特殊兒童的班級教室中。因為《國小低年級教室實務評量》（*APEEC*）包含關於特殊兒童實務的題項，假使班級教室中沒有特殊兒童，在這些題項上會提供替代性的評分指示。

《國小低年級教室實務評量》（*APEEC*）是設計來評估教室內部環境的實務。因此，它聚焦於存在教室內本身的布置及事件，並非評估廣泛的學校環境面向，例如：運動場或專門學科的教室（如：體育、音樂、美勞）。

一般性指導方針

◎《國小低年級教室實務評量》（*APEEC*）實地測試資料是基於對每間班級教室一整天的觀察，加上與普通班教師進行的後續訪談而產生的。雖然您可能用不到一天的時間即完成《國小低年級教室實務評量》（*APEEC*），我們仍鼓勵您儘可能地多加觀察一整天內所有的室內活動。

◎擬比兒童提早抵達您所評估的教室。

◎注意《國小低年級教室實務評量》（*APEEC*）中的每個題項，在 1、3、5、7 分點上順著適性發展教室實務的連續性提供指標。為了清楚起見，在一些題項的下方提供了註解和描述。在評估指標為「是」或「否」之前，先仔細閱讀這些註解和描述。

◎取得資料的方法（即：觀察和／或訪談）標示在每個題項標題旁的括號內，且在每個指標旁以字母(O)註記代表觀察、字母(I)註記代表訪談。假

國小低年級教室實務評量

使指標旁只有(O)，那麼您必須根據您的觀察來評估。對於那些(O)、(I)兩者皆註記的指標，觀察資料總是比訪談資料更合宜。換言之，假使您已經有足夠的觀察資料來做評分的決定，則不用再問訪談的問題。

◎當您抵達教室時，安排二十到三十分鐘與老師會晤，以便您可詢問訪談問題。有可能的話，在接近放學或放學後來進行訪談的效果最好。

◎評分表上提供了我們所建議的訪談問題。假使您需要問一個並非我們所建議的問題時，請小心地使用開放且非引導的方式來表達問題。

◎「所有兒童」一詞使用於《國小低年級教室實務評量》（APEEC）中的許多地方。當您讀到此措辭時，請根據在教室中參與的所有兒童來評定這些指標，包含特殊兒童在內。

◎「兒童」一詞使用於《國小低年級教室實務評量》（APEEC）中的一些指標裡。當您看到此措辭時，請根據適用於教室中多數兒童的程度來評定此指標。

◎「無」、「極少數」、「一些」、「許多」這些措辭使用於《國小低年級教室實務評量》（APEEC）中的一些地方。因為其定義隨著兒童的年齡、教室環境有所變化，所以沒有提供這些措辭確切的定義。請運用您自身的判斷力來區分其中的不同。

◎我們在一些指標和註解中提供了範例。切記這些只是範例，不需要每項範例都出現在教室中才將此指標評定為「是」。此外，其他項目可能包含在教室內，但卻沒有出現在範例中，也可能使此指標被評定為「是」。

◎仔細閱讀所有的用語，特別注意在指標中「和」及「或」的使用。

◎評估當天，頻繁地閱讀《國小低年級教室實務評量》（APEEC）的題項以提醒自己注意在教室中的相關面向及幫助您評估每個題項。

◎假使科任教師（如：音樂、美勞）在普通班教室內教學，請不要根據這些活動來評分。

◎使用評分表來記錄您對教室之評分。影印評分表是被許可的，但並非整份量表。評分表可用來做筆記、為當天的活動做紀錄和記錄訪談問題的答案。

評分

題項以1~7之連續性分數來評分，代表適性發展實務在教室中的實行程度。每個題項中，「1」分代表根據適性發展實務，此教室為不適當；「3」分代表達到適性發展實務的最低要求；「5」分代表根據適性發展實務，此教室為良好；「7」分代表優良適性發展實務。亦可能得到中間的分數「2」、「4」、「6」。

每個題項的得分根據「1」、「3」、「5」、「7」分點下方的指標評分。每次都從閱讀「1」分下方的指標開始評定每個題項。對於每個指標，決定其為「是」（T）、「否」（NT），或是在某些情況下，評為「不適用」（NA）。觀察者只可把「不適用」使用在那些允許不適用的指標（亦即在評分表上有標示「NA」）。「不適用」的指標不用來評定該題項。**注意**：不像其他分點下方的指標，「1」分下方的指標是負面的且必須被評定為「否」，才考慮給予該題項「3」分以上。

使用評分規則來決定一個題項的得分。藉著閱讀「1」分下方的指標，開始評定每個題項：

◎假使沒有任何指標為「是」（即：它們全為「否」），接著閱讀「3」分下方的指標。

◎假使「1」分下方的指標至少一個，但非全部為「是」，圈選「2」分。

◎假使「1」分下方的指標全部為「是」，圈選「1」分。

◎假使沒有任何「3」分的指標為「是」（即：它們全為「否」），圈選「2」分。

◎假使「3」分的指標至少一個，但非全部為「是」，圈選「2」分。

◎假使「3」分的指標全部為「是」，接著閱讀「5」分下方的指標。

◎假使沒有任何「5」分的指標為「是」（即：它們全為「否」），圈選「3」分。

◎假使「5」分的指標至少一個，但非全部為「是」，圈選「4」分。

◎假使「5」分的指標全部為「是」，接著閱讀「7」分下方的指標。

◎假使沒有任何「7」分的指標為「是」（即：它們全為「否」），圈選「5」分。

◎假使「7」分的指標至少一個，但非全部為「是」，圈選「6」分。

◎假使「7」分的指標全部為「是」，則圈選「7」分。

在決定每個題項的得分後，藉著加總各題項得分來計算《國小低年級教室實務評量》（*APEEC*）的總分，並除以所有被評分的題數。假使將第 12 題視為「不適用」（NA），則總分不應包括第 12 題。

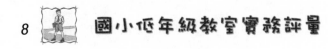

評分方法

　　《國小低年級教室實務評量》（*APEEC*）可以使用兩種不同的評分方法。標準的評分方法要求觀察者只評定能獲得該題項分數所需要的那些指標。例如：假使一個題項被評定為「4」分，那麼觀察者則不用評定「7」分下方的指標。另一種評分方法是將《國小低年級教室實務評量》（*APEEC*）當作檢核表使用，評定全部一百三十五個指標。此評分方法花費較多時間且可能需要與教師有較長時間的訪談。然而，因為此方法可獲得額外的資訊，故在某些案例中較為適用。

評分表

　　《國小低年級教室實務評量》（*APEEC*）的評分表（見第 31~39 頁）包含評定指標、評分題項和觀察者對每個題項做筆記的地方。我們所建議的訪談問題也包含在每個訪談題項內，並提供空白處來記錄教師的回答。在觀察之前，請先完成評分表首頁的辨識資料。一天進行中，在提供的空白處寫下觀察到的教室作息，並且，假使有的話，記錄張貼出來的作息表。在每個指標旁的橫線上，使用之前在評分章節所描述的規則，寫下「T」（是）、「NT」（否）或「NA」（不適用）。數字 1~7 直接列在指標的上方，觀察者應圈選與題項得分一致的數字。

　　下頁的範例使用了此標準的評分方法。此題項得到「4」分，因為「1」分的指標皆為「NT」（否），「3」分的指標皆為「T」（是），且「5」分的指標中只有一項為「T」（是）。

範　例

社會性環境

11. 兒童在決策時的角色（觀察與訪談）

	1	2	3	④	5	6	7	觀察筆記
1.1　NT　　3.1　T　　5.1　T　　7.1 _____ 1.2　NT　　3.2　T　　5.2　NT　　7.2 _____								選擇——故事時間時，地板上的座位 ——數學遊戲的夥伴 ——工作完成後，要閱讀的書 ——首先要去的學習區

5.2, 7.2　兒童有幫忙做任何會影響全班或一群兒童的決定嗎（例如：投票、公共輿論）？　　是　　㊣否

（如果有）是什麼樣的決定？

兒童多常做這樣的決定？

國小低年級教室實務評量（*APEEC*）

題項

硬體環境	教學環境	社會性環境
1. 室內配置	5. 教材教具的使用	11. 兒童在決策時的角色
2. 兒童作品展示	6. 電腦的使用	12. 特殊兒童對課室活動的參與
3. 教室易接近性	7. 督導兒童的成長	13. 社交技巧
4. 健康與教室安全	8. 師生語言	14. 多元化
	9. 教學方法	15. 適切的轉換
	10. 主題的統整與廣度	16. 家庭的參與

硬體環境

1. 室內配置（觀察與訪談）

不適當		最低要求		良好		優良
1	2	3	4	5	6	7

1.1 兒童僅使用個別的桌子來工作（桌子與桌子間是分開的）。(O)

1.2 兒童工作區內的教材教具[a]儲存櫃不敷使用。(O)

3.1 室內至少有些柔軟的設施[b]。*(O)

3.2 有系統地排放教材教具[a]（如：所有的書籍擺放一起）。(O)

5.1 兒童一天中多數的時間花在小團體區[c]內。(O)

5.2 設有一個具備柔軟設施[b]的放鬆區。*(O)

7.1 獨立一個特定的空間讓兒童能獨自工作，免於他人干擾（有硬體的界限或規則）。兒童有時候可選擇何時使用此空間。*(O, I)

7.2 複製同樣的教材教具[a]放置在不同的地方，以完成特定的作業或活動（如：需要用來處理、研究、寫下和圖解一個科學問題的所有教材教具都聚集一起）。*(O)

---

[a] 教材教具的例子有：書籍、用具、可動手操作的教材教具。

[b] 柔軟設施的例子有：絨毛地毯、小地毯、柔軟座椅、懶骨頭、枕頭、其他軟性用具（如：毛毯或軟性玩具）。

[c] 小團體區可意指併在一起的個別桌子、小組桌或位於地板上的區塊。一個小組定義為二至八位兒童。

---

*指標 3.1　只有一般的（無絨毛）地毯料不足以將此指標評定為「是」。

*指標 5.2　放鬆區必須是一個界定清楚的空間，至少被一些硬體所阻隔或規則所防護著。

*指標 7.1　只有在電腦遠離其他電腦（而不是一整排電腦）和工作區時，此電腦才計算在內，如此個別的兒童才明確地擁有被防護的空間。

*指標 7.2　此指標強調的是兒童在室內有許多地方能完成特定的作業或活動。完成此作業所需要的所有教材教具都應放置在該工作區內。在每個兒童的桌上或每張桌子上擺放一盒鉛筆或蠟筆不足以符合此指標的目的。

2. 兒童作品展示（觀察與訪談）

不適當		最低要求		良好		優良
1	2	3	4	5	6	7

1.1 沒有將兒童的作品[a]展示出來。*
(O)

3.1 至少有少數兒童的作品[a]被展示出來。(O)

3.2 一個月至少更換一次兒童的作品。(O, I)

5.1 有些兒童的作品[a]展示在兒童視線可及的高度。*(O)

5.2 兒童的作品包含原創性成果（如：每個兒童的作品不同於他人）。*(O)

5.3 多數兒童至少有一項作品被展示出來。(O, I)

7.1 兒童的作品[a]包含三度空間的創作。*(O)

7.2 兒童選擇自己要被展示出來的作品。(I)

---

[a] 兒童作品的例子有：兒童的美勞作品、寫作作品、作業、小組方案、建構物、雕塑、兒童手工書。

---

*指標 1.1 　假使教室內沒有展示出任何的兒童作品，將此指標評定為「是」。兒童作品展示在學校中其他地方（如：走廊），不予給分。

*指標 5.1 　教室必須展示一些（非少數）兒童的作品，且至少有一些作品必須在兒童視線可及的高度，才評定為「是」。假使只有展示極少數兒童的作品，則將此指標評定為「否」（不論它們位於教室何處）。

*指標 5.2 　假使作品看起來不一樣或兒童在方案中使用不同的媒材，則將美勞作品視為是具原創性的。假使這項作品中唯一的不同處是兒童所使用的顏色，則此作品不具原創性。例如：除了兒童用不同顏色來著色外，花朵的外形是一樣的，則非原創。花朵由不同的材料（例如：紙、棉花、小亮片、毛氈）所組成，則可視為具原創性的。假使每個兒童的寫作作品（例如：故事、詩）不同於他人，則視為具原創性的。

*指標 7.1 　在紙上的拼湊（例如：把鈕釦黏到一張紙上）不被視為三度空間。

3. 教室易接近性（觀察）

不適當		最低要求		良好		優良
1	2	3	4	5	6	7

1.1 有一些給兒童使用的設施[a]不符合兒童的尺寸[b]。(O)

1.2 多數給兒童使用的傢俱不符合兒童的尺寸[c]。(O)

3.1 多數給兒童使用的設備[d]符合兒童的尺寸[e]。(O)

3.2 一些教材教具[f]能讓兒童自行取用[g]。(O)

5.1 幾乎全部給兒童使用的傢俱都符合兒童的尺寸[c]。(O)

5.2 多數的教材教具[f]能讓兒童自行取用[g]。(O)

7.1 室內不擁擠。教室環境的安排能讓兒童在其中活動自如（如：有足夠的空間來使用助步器或輪椅；不用移動物品或勉強穿過間隔，兒童就可以從一學習區走到另一個）。(O)

7.2 兒童能自行取用[g]幾乎全部的設施[a]、設備[d]和教材教具[f]，且考慮到任何特殊兒童的需求（如：輪椅能嵌合桌子、兒童能轉換到不同設備、兒童能伸手拿取紙巾）。*(O)

---

[a] 設施的例子有：廁所（馬桶）、洗手台、飲水機。根據兒童使用的設施來評定此指標（不論室內或室外）。

[b] 設施符合尺寸的例子有：在沒有成人的協助下，兒童能自行使用飲水機；兒童能獨自使用洗手台的水龍頭。

[c] 傢俱符合兒童尺寸的例子有：當兒童坐在座位上覺得舒服且能將他／她的腳底平貼在地板上，此椅子為合適尺寸。書桌和桌子的高度需與兒童手肘處同高。

[d] 設備包含支持兒童工作或遊戲的室內傢俱和工具，但並非直接將其當作完成方案的工具來使用。設備的例子有：可調式坐椅、俯臥式站立架、墊子、削鉛筆器、黑板。

[e] 設備符合尺寸的例子有：兒童能輕易伸手拿取的削鉛筆器、依照兒童的尺寸正確製作的合適設備。

[f] 教材教具是兒童運用來完成他們學校方案的物品。教材教具的例子有：書籍、用具、電腦、可動手操作的教材教具。不要將未拆封和儲藏在教室內的教材教具包含在內（例如：一箱放在櫃子上的節慶書籍）。

[g] 易接近性並不包含兒童是否被允許去取得教材教具的疑議。教材教具是易接近的，例如，假使將它們放置在兒童可伸手拿取的矮架上和兒童可以獨自打開的容器裡。這些指標不適用於因為行動能力受限而妨礙他們獨自取用教材教具的兒童。

---

*指標 7.2 獨自取用設施意指設施符合兒童尺寸。假使沒有特殊兒童需要經特別調整的設施、設備、傢俱或教材教具，將 7.2 第二部分視為不適用（NA），並只評第一部分（即：兒童是否能獨自取用或接近幾乎全部的設施、設備、傢俱和教材教具）。

4. 健康與教室安全（觀察與訪談）

不適當		最低要求		良好		優良
1	2	3	4	5	6	7

1.1 教室中存在著健康或安全上的問題[a]。(O)

1.2 教師從未提供兒童用餐或點心前去洗手的機會。(O)

1.3 沒有提供如廁後要洗手的提示（如：口頭提醒、廁所張貼海報）。*(O)

3.1 教室裡有基本急救設備（如：OK 繃、免洗手套）。(I)

3.2 兒童醫療及緊急資料已在教室中備好待用（如：兒童之過敏、突發疾病、緊急連絡人、電話號碼等資料）。(I)

5.1 教室和學校中其他成人之間有可運行的雙向溝通系統（如：電話、和辦公室之間有雙向對講系統）。(O, I)

5.2 教師提供兒童用餐和點心前去洗手的機會。*(O)

7.1 對特殊兒童採取特別的預防措施（如：輪椅易達逃生出口、拐杖或助步器有安全儲放區、通道無雜物）。*(O, I)

7.2 教室裡有急救和危機處理的資料（如：牆上的海報、備有對於兒童特殊需求——如過敏、哽塞、分流管機能失常等特定緊急事件之處理步驟的卡片／小冊子）。(I)

7.3 教室內其中一位職員擁有急救和心肺復甦術（CPR）程序的認證。(I)

[a] 健康或安全問題的例子有：不穩固的傢俱、藥物沒有鎖起來或置於兒童拿不到之處、有毒的化學藥劑未標示且沒有適當儲藏（總是需要將化學藥劑作標示，但更重要的是——相較於年長兒童，應置於年幼兒童拿不到之處）、被阻擋住的逃生出口、兔籠置於兒童的食物旁、教室出現蟑螂、熱咖啡壺擺在兒童工作區內。

*指標 1.3　假使兒童在沒有提示之下，一如往常的洗手，則評定為「否」。

*指標 5.2　假使沒有供應點心，則依據用餐時間的情況來評定此指標。

*指標 7.1　假使教室中沒有兒童需要特別注意的身體障礙或健康問題（例如：糖尿病），則評定為「不適用」（NA）。

教學環境

5. 教材教具的使用（觀察與訪談）

不適當		最低要求		良好		優良
1	2	3	4	5	6	7

1.1 教室中極少可動手操作的教材教具[a]。(O)

1.2 所有的活動都是紙筆工。(O)

3.1 至少在一個學科領域中使用可動手操作的教材教具[a]，以適切地支持兒童的學習[b]。*(O)

3.2 教師確保兒童能適切地使用教材教具（如：教師為兒童示範如何使用顯微鏡、幫助兒童學習遊戲規則、提醒兒童適切的使用方式）。*(O)

5.1 教室中至少有兩個學科領域使用許多不同動手操作的教材教具[a]。(O)

5.2 至少在兩個學科領域中，多數兒童能使用可動手操作的教材教具或其他相關教材教具[c]，以適切地支持兒童的學習[b]。(O)

7.1 一天中多數的時間，所有兒童能使用可動手操作的教材教具[a]。(O)

7.2 在所有的學科領域中，多數兒童能使用可動手操作的教材教具或其他相關教材教具[c]，以適切地支持兒童的學習[b]。*(O, I)

---

[a] 可動手操作之教材教具的例子有：美勞用具、遊戲、硬幣、積木、數學單位方塊、天平、3D 立體模型、計算機、尺、玩偶、植物。

[b] 運用教材教具來支持兒童學習的例子有：用數學方塊來解決數學問題、用美勞用具來發揮創造力、用天平來試驗物體重量的假說、用積木和鑲嵌物件來學習基本的建構和物理學概念、用數學遊戲來教導相關的數學概念，以及用活體動物和植物來教導生長觀念。因為可能需要運用不同的教材教具來支持某些兒童的學習需求（例如：數學程度較低的兒童需要較簡易的數學遊戲），故找看看是否有符合不同技能程度的教材教具。假使兒童使用不合宜的教材教具，教師應該重新引導兒童使用更多合適的教材教具，以視為支持兒童的學習；或在課程計畫中有證據顯示所使用的教材教具是依特定用途來選擇的。

[c] 其他相關教材教具包含多樣的兒童書籍（例如：兒童文學類、圖書館的書籍、小說類與非小說類的書籍）、紙張以及鉛筆，這些教材教具是用來促進兒童真實生活經驗的活動（例如：以請兒童寫出富創造性的故事、將期刊做登錄作業程序或寫出與範本句子相反的韻文等方式來教導寫作技巧）。

---

*指標 3.1　即使只有少數兒童使用可動手操作的教材教具，仍評定為「是」。

*指標 3.2　假使兒童正適切地使用教材教具，即使沒有教師的介入，仍評定為「是」。假使兒童從未使用過可動手操作的教材教具，則評定為「否」。

*指標 7.2　所有學科領域包含數學、語文、科學和社會學科。在各學科領域內，教師必須各提供至少兩個教材教具的使用例子，以評定此指標為「是」。

6. 電腦的使用（觀察與訪談）

不適當		最低要求		良好		優良
1	2	3	4	5	6	7

1.1 班級每週使用少於一次或不能使用校內的電腦。(O, I)

3.1 班級每週至少使用電腦兩次。(O, I)

3.2 在教室或電腦教室裡，能使用一些與教室活動相關的電腦程式（如：數學操作與練習、閱讀的程式、文字處理）。(O, I)

5.1 教室中至少有兩台給兒童使用的電腦。(O)

5.2 兒童至少有三種使用電腦的目的（如：增強技能、文字處理、教導新技能、畫圖）。(O, I)

7.1 兒童在學校能使用網際網路。*(O, I)

7.2 兒童為了搜尋之目的而使用電腦（如：百科全書光碟、網際網路）。*(O, I)

---

*指標 7.1, 兒童可以為了上網或搜尋之目的，獨自或分組使用電腦。假使兒童為了上網或搜尋之目的而使用任何一台學校電腦（不一定要在教室裡），評定為 7.2 「是」。在幼稚園或國小一年級階段，查詢電腦字典或當成人使用百科全書光碟時在旁觀看，即符合使用電腦來搜尋的目的。在幼稚園和國小一年級階段，當成人使用網際網路時，兒童在旁觀看，亦符合此目的。在國小二、三年級階段，兒童必須親自使用電腦（即便成人可能在旁監督他們工作），才將此指標評定為「是」。

7. 督導兒童的成長（訪談）

不適當		最低要求		良好		優良
1	2	3	4	5	6	7

1.1 教師主要透過成績來評量兒童。(I)

3.1 除了考試或學習單的分數外，教師至少使用兩種其他類型的資料[a]來督導兒童的成長。(I)

3.2 一個月至少蒐集一次兒童成長的資料。(I)

5.1 使用個別化的兒童成長資料[a]來做教學決策[b]。(I)

5.2 教師至少一季一次或依照定期報告卡（report card）上的時間來蒐集個別化教育計畫（IEP）目標[c]的資料。*(I)

7.1 所蒐集的兒童成長資料[a]主要來自於教學內容，每兩週至少一次，透過書寫紀錄和持久性作品或方案來進行。(I)

7.2 教師至少每兩週蒐集一次個別化教育計畫（IEP）目標[c]的資料。*(I)

7.3 教師每學年至少正式地安排與每位兒童會談一次，以回顧他或她在此期間大體上的成長。(I)

---

[a] 資料包含任何形式的書寫紀錄或持久性作品的蒐集。書寫紀錄包含教師筆記（例如：教師日誌、軼事紀錄）、個別實施的評量、檢核表（例如：教師自製的技能表單）、在索引卡上記錄分數等等。持久性作品包含創造性寫作實例、美勞作品或小組方案的最終成品。

[b] 運用資料來做教學決策的例子有：選擇活動、將兒童分組、更改教材教具、決定教導新技能、決定在某一技能上繼續努力。

[c] 個別化教育計畫（IEP）目標是指寫在兒童現行的個別化教育性計畫中的短期教學目標。

---

*指標 5.2、7.2 假使普通班教師或其助理蒐集個別化教育計畫（IEP）目標的資料，將此指標評定為「是」。資料必須包含兒童在個別化教育計畫（IEP）目標上的成長資訊。總之，此資料蒐集系統不必和其他兒童所使用的系統有所不同，只要此系統能使教師督導兒童在個別化教育計畫（IEP）目標上的成長即可。例如：假使教師在每週一對一的閱讀課時，記錄下每位兒童的閱讀能力，這可能是用來督導其閱讀相關個別化教育計畫（IEP）目標上的成長之適切系統。假使教師不知道兒童的個別化教育計畫（IEP）目標，則將此指標評定為「否」。假使在教室中沒有兒童擁有個別化教育計畫（IEP），則評定為「不適用」（NA）。

8. 師生語言（觀察）

不適當		最低要求		良好		優良
1	2	3	4	5	6	7

1.1 幾乎教師所問的問題都有一個正確答案或需要死記硬背的事實。(O)

1.2 幾乎所有兒童的語言是由教師所主導（如：教師選擇主題、兒童說話主要是在回應教師）。(O)

3.1 教師對兒童的陳述或問題感興趣。(O)

3.2 教師給予兒童的回應是有建設性的，而非批判性的。(O)

3.3 兒童有一些和同儕討論有關課室活動的機會。(O)

5.1 教師的一些問題需要正確答案或死記硬背事實以外的東西[a]。(O)

5.2 一天中至少有一點時間，教師促使兒童詳述[b]他們所創始的陳述。(O)

5.3 兒童有許多和同儕討論有關教室活動的機會。(O)

7.1 一天中有許多時間，教師促使兒童詳述[b]他們所創始的陳述。(O)

7.2 教師和兒童間有一些非正式的對話[c]。(O)

---

[a] 教師的問題需要正確答案以外的東西之例子有：你覺得接下來會發生什麼事？你能怎麼解決這個問題？我們有哪些方法可以把數字加到 10？有什麼字是以 L 當字首？（有什麼字是人字邊的？）假使你生活在西元 1900 年，你會過著什麼樣的日子？

[b] 「詳述」需要教師問兒童接續的問題，以從兒童身上引出更多的陳述。詢問一群兒童多樣的問題不算是「詳述」。「詳述」的例子有：教師：這個問題的答案是多少？兒童：4。教師：你怎麼知道的啊？；教師：在故事裡，喬接下來會做什麼事呢？兒童：他逃跑了。教師：你為什麼認為他會逃跑呢？

[c] 一段對話不僅僅是簡單的一問一答、給予指示或在釐清工作內容。

9. 教學方法（觀察）

不適當		最低要求		良好		優良
1	2	3	4	5	6	7

1.1 整天使用團體教學法。(O)

3.1 教師至少使用兩種不同的教學法[a]。(O)

3.2 替有個別需要的兒童調整[b]一些活動或教材教具。*(O)

5.1 一天至少使用一次分享學習法[a]。(O)

5.2 替有個別需要的兒童調整[b]多數的活動或教材教具。*(O)

5.3 一天中至少有幾次，教師請兒童解釋他們的答案。*(O)

7.1 教師在至少兩個學科領域中，分別使用至少兩種教學法[a]。(O)

7.2 教師促進兒童間的團體討論[c]。(O)

[a] 教學法包含團體教學（例如：講述、給予指示、在全部兒童做同一件事的教師主導活動中給予兒童回應、在大團體環境下示範新的工作）、小組教學（例如：教師帶領的閱讀團體）、一對一教學（例如：教師和個別的兒童一起工作）、自我學習（例如：兒童使用教材教具來引導自我遊戲、獨自閱讀、操作教育性電腦程式）、教師的促進（例如：教師延展兒童主導的活動），以及兒童一起努力來完成一項活動的分享學習法（例如：合作學習、遊戲、同儕指導）。

[b] 調整教材教具和活動的例子有：為肢體障礙兒童更換鍵盤、提供不同閱讀能力的兒童所使用的閱讀教材、為視力損傷兒童準備大型的印刷教材、給予發展遲緩的兒童較簡短的指定作業、同儕的協助、依能力分組的閱讀團體、提供適用於兒童主要語言的教材。

[c] 團體討論不僅是教師詢問而兒童回答問題。團體討論時，兒童提出他們的看法、考慮同一問題的不同面向、談論贊成與反對的論點等等。在團體討論時，沒有任何人（例如：教師、兒童）是資訊的主要來源。團體討論可能在整個班級或小一點的兒童團體中進行。

---

*指標 3.2，此指標僅根據觀察而來。注意：教材教具的數量依需求量來調整。假使實際上有數個需求要被調整，則只調整一個教材教具是不夠的。也請記得需 5.2 要為任何能力高於或低於教材教具的適用層級之兒童來調整，不僅是為特殊兒童調整而已。能力分組應被視為經調整過的活動。

*指標 5.3 切記：「解釋」總是一個「詳述」，但「詳述」不都是「解釋」。

10. 主題的統整與廣度（觀察與訪談）

不適當		最低要求		良好		優良
1	2	3	4	5	6	7

1.1 一天的時間被分割給數個學科領域，每個領域只在指定的時間內教導，且沒有跨領域的共同內容。*(O)

3.1 每週至少提供兩次藝術課程[a]。其中至少有一次是在教室中進行。(O, I)

3.2 每週至少教導一次數學和語言課程[b]以及科學或社會學科。(O, I)

5.1 每天至少運用一次需要兒童同時使用跨領域技能的活動或方案。*(O)

5.2 每週至少在教室內教導一次數學、語言課程[b]、科學和社會學科。(I)

5.3 每天提供所有兒童大肌肉活動的機會。*(I)

7.1 至少有一半的教室時間是由需要兒童同時使用跨領域技能的活動或方案所組成。*(O)

7.2 每週至少教導兩次數學、科學、社會學科和語言課程[b]。每週至少有一次是在教室中教授各個學科領域。(I)

---

[a] 藝術課程包含戲劇、美勞（例如：繪畫、雕塑）、舞蹈和音樂。

[b] 語言課程包含閱讀、創作性寫作、拼寫、文法和演說。

---

*指標 1.1　評定此指標時，不將例行性聚會時段列入考慮。

*指標 5.1,　出現在例行性聚會時段的活動不能包含在內，除非有個別活動同時使用兩種技能。快速地從科學活動（例如：今天的天氣如何？）轉換到數學活動

　7.1　（例如：這個月還剩下幾天？）不能包含在內，因為每個活動只需要一種技能。假設兒童閱讀數學學習單上的說明，不算是需要跨領域技能的活動。幾乎每項學校活動都需要一些閱讀（例如：閱讀數學學習單上的說明），因此需要更廣泛的閱讀才將活動視為需要閱讀技能。同時使用跨領域技能的例子：在「蜜蜂」的方案中，兒童需要到圖書館或使用電腦做研究、估算蜂窩裡的蜜蜂數量並且寫份報告。

*指標 5.3　所有兒童每天必須在校內或校外有大肌肉活動的機會，即便天氣不好時也一樣。假使教師從休息時間到完成工作（且休息時間是當天唯一的大肌肉活動）都例行性地將兒童留在室內；或兒童參與被動的活動，例如：當天氣不好時就改玩桌上遊戲，則沒達到此標準。

社會性環境

11. 兒童在決策時的角色（觀察與訪談）

不適當		最低要求		良好		優良
1	2	3	4	5	6	7

1.1 兒童從未對課室活動做出選擇[a]。(O)

1.2 兒童從未選擇他們在教室中要和誰一起坐、一起工作、一起遊戲。(O)

3.1 在教室中，兒童一天至少做出兩次選擇[a]。(O)

3.2 一天中，兒童至少選擇兩次他們在教室中要和誰一起坐、一起工作、一起遊戲。(O)

5.1 一天中，兒童至少決定一次要進行哪個活動（如：選擇角落活動、在寫作和玩數學遊戲中做決定）。*(O)

5.2 兒童幫忙做出至少三種會影響全班或班級中一群兒童的不同決定[b]。(O, I)

7.1 一天中，兒童多次做出選擇[a]。(O)

7.2 兒童每個月至少幫忙做出一次會影響全班或班級中一群兒童的決定[b]。(I)

---

[a] 兒童的選擇權可能包含在不同活動間的選擇（例如：要進行繪畫或閱讀）或在教師許可的選項中做選擇（例如：兒童必須寫出一個故事，但他們能決定故事的主題；兒童在完成工作後，能選擇要玩數學遊戲或閱讀書籍）。

[b] 此指標的目的是讓兒童一起做決定。不要將一位兒童所做出可能會影響全班或一群兒童的決定包含在內（例如：午餐時，一位兒童被允許能選擇四位朋友與其坐在一起）。團體做出決定的例子有：班規、學習主題、戶外教學、想要被大聲朗讀出來的書籍、想要完成的方案、想要玩的遊戲。

---

*指標 5.1　此指標不包含在進行下一個主要活動之前，所選擇的「填空」（filler）活動。

12. 特殊兒童對課室活動的參與（觀察與訪談）＊＊

不適當		最低要求		良好		優良
1	2	3	4	5	6	7

1.1 普通班教師不知道班上每個特殊兒童的個別化教育計畫（IEP）目標[a]。＊(I)

1.2 至少有一位特殊兒童鮮少如普通兒童般參與同樣的課室活動[b]。＊(O)

3.1 普通班教師和教育團隊內的其他成員[c]談論關於兒童的成長〔不包含定期報告卡（report cards）或個別化教育計畫（IEP）的年度會議〕。(I)

3.2 所有特殊兒童如普通兒童般地參與許多同樣的課室活動[b]。＊(O)

5.1 有些個別化教育計畫（IEP）目標[a]會在一般的課室活動[b]中被強調。＊(I)

5.2 在適當的調整下，所有特殊兒童如普通兒童般地參與近乎所有同樣的課室活動。＊(O)

7.1 許多特殊兒童的個別化教育計畫（IEP）目標[a]會在一般的課室活動[b]中被強調（如：特殊兒童沒有從活動中被抽離去做其他不一樣的事）。＊(I)

7.2 普通班教師和教育團隊內的其他成員[c]針對特殊兒童有進行中、正式的合作關係。＊(I)

[a] 個別化教育計畫（IEP）目標是指寫在兒童現行的個別化教育計畫中的短期教學目標。

[b] 課室活動是指典型發展中的兒童在班級裡所參與的活動，這些活動可以應特殊兒童的需求來調整。這不必然意味著特殊兒童和普通兒童學習著同樣的內容；在同樣的活動中可教導不同的技能。

[c] 教育團隊成員的例子有：特殊教育教師、輔助性專業人員、語言病理學家、心理學家、職能治療師、物理治療師、美術教師、音樂教師、體育教師。

＊＊假使班上沒有特殊兒童，則將此題項及所有指標評定為「不適用」（NA）。

＊指標1.1　只有在教師提供特定的個別化教育計畫（IEP）目標之例子時，才將此指標評定為「否」。描述一般的學科領域，例如數學或閱讀，並沒有達到此指標的標準。教師必須知道班上每位特殊兒童的個別化教育計畫（IEP）目標。

＊指標1.2,　根據特殊兒童在普通班的狀況來評定此指標，即便此兒童待在此教室裡的時間極少。
　3.2, 5.2

＊指標5.1,　假使普通班教師或特殊教育教師在一般的課程活動中強調個別化教育計畫（IEP）目標，即將此指標評定為「是」。
　7.1

＊指標7.2　只有在教師和教育團隊內的其他成員有正式、合作的關係時，例如：一個月至少和專家們舉行一次定期會議、參與教學或分擔計畫的責任，才將此指標評定為「是」。

13. 社交技巧（觀察）

不適當		最低要求		良好		優良
1	2	3	4	5	6	7

1.1 絕大多數的時候，成人[a]使用不友善的語氣來管理教室行為（如：批評、責罵、講諷刺的話、吼叫）。(O)

1.2 至少有一位兒童只因負向行為才受到成人的注意（如：教師反覆地責罵某位兒童，但從未讚美過他／她）。*(O)

3.1 一天中，成人[a]經常表露出正向的社交技巧[b]。*(O)

3.2 成人偶爾讚美兒童適切的社交行為。*(O)

3.3 在教室中張貼適切的行為準則。(O)

5.1 成人[a]主要運用促進或增強適切的行為來將不適切的行為降到最低。(O)

5.2 成人對兒童行為的期望[c]符合兒童的年齡及能力。(O)

5.3 成人對兒童不適切的行為會堅持其所應承擔的後果（或者後果可有可無）[1]。(O)

7.1 成人[a]鼓勵兒童之間的正向社會互動（如：討論良好的性格特點、促進兒童間的分享）。*(O)

7.2 成人鼓勵兒童自行協調解決問題的辦法（如：牆壁上張貼著關於解決問題的海報、教師提醒兒童關於衝突時的協商、在教室中標示出解決衝突的空間）。*(O)

[a] 成人包含教師、助理教師和教室中其他給薪的職員。
[b] 正向社交技巧的例子有：笑容、安慰他人、適切地表達感覺、與他人和睦相處、表現良好的禮貌。
[c] 成人適切的期望之例子有：讓兒童交談、讓兒童參與進行中的活動、根據兒童的工作程度賦予個別的期望。

---

*指標 1.2　假使您注意到有一位兒童（其可能有問題行為）只因負向行為才受到成人的注意，那麼請仔細觀察以決定負向注意是否為此兒童受成人注意的唯一型態（即：教師鮮少注意到此兒童的正向行為）。如果是，那麼此指標應被評定為「是」。

*指標 3.1　此指標意指成人，一般而言，在一天中多數時間以有禮貌、尊重的方式和兒童互動。

*指標 3.2　適切的社交行為包含學業回應以外的行為。不同於教師提問下的正確答案，所謂適切的社交行為如下：舉手、等待輪流的機會、幫忙其他兒童、撿起別人掉落的書籍、與他人分享和有建設性地解決衝突。

*指標 7.1　成人必須在沒有問題發生時鼓勵兒童之間正向的社會互動。假使成人只在兒童間有問題發生時才鼓勵正向的社會互動，此指標應被評定為「否」。

*指標 7.2　假使沒有觀察到兒童間的問題發生，則教室內必須有計畫或策略的書面證明。

---

[1] 譯註：成人會持續提醒兒童此行為是不恰當的，但不一定會給予懲罰或做其他後續處理。

14. 多元化（觀察與訪談）

不適當		最低要求		良好		優良
1	2	3	4	5	6	7

1.1 教師透過陳述、展示或活動來傳遞有偏見的觀點[a]。(O)

3.1 教室裡有一些多元化的教材教具或資訊[b]。(O)

3.2 一年中至少討論兩次多元化的資訊（如：節日時、在特別的教學單元時）。(I)

5.1 教室裡有多種多元化的教材教具或資訊[b]。*(O)

5.2 透過進行中的學習領域來提供多元化的資訊，資訊由教師或活動所提供。*(I)

7.1 教室中的多元化是跨領域[c]的。(O)

7.2 多元化的資訊[b]和日常活動相互結合。(O, I)

[a] 有偏見的觀點之例子有：教師說：「用印第安人的方式坐著」、唱教會歌曲、張貼著只關於一種宗教的海報（例如：只有聖誕老人的圖片而沒有與其他宗教在 12 月的節日相關的圖片）、只分派女孩到娃娃家。

[b] 教材教具或資訊的例子有：書籍、展示物、活動、音樂。

[c] 多元化領域的例子有：性別、障礙、家庭結構、語言／文化。

*指標 5.1　多元化必須非僅呈現在書籍和牆上圖片中，才將 5.1 評定為「是」。

*指標 5.2　把多元化當成進行中活動的一部分來教導，而不是當成獨立的教學單元來教導多元化。將多元化融入活動中。

15. 適切的轉換（觀察與訪談）

不適當		最低要求		良好		優良
1	2	3	4	5	6	7

1.1 兒童在活動與活動間花時間等待，而沒有事情做。*(O)

1.2 沒有給予兒童額外的課堂時間來完成任一活動。*(O, I)

3.1 多數活動間的轉換以有條理的方式出現。*(O)

3.2 對於一些活動，當兒童在等待同儕完成的同時，允許他們著手另一個活動（如：閱讀書籍）。(O, I)

5.1 教師對於多數即將來臨的轉換活動預先告知兒童，包含兒童即將移動到室外這類的轉換。(O)

5.2 當兒童完成一個活動後，幾乎總是允許他們著手另一個活動。(O, I)

7.1 一天中至少一次，兒童在小組或個別活動中，自主地從一個既定的活動轉換到另一個活動。*(O)

7.2 允許兒童花費額外的課堂時間來完成所有活動。一天中，從兒童開始活動起，都必須提供額外的時間。*(I)

---

*指標 1.1　兒童必須是在幾乎所有的活動之間做等待，才將此指標評定為「是」。

*指標 1.2　根據多數兒童的情況來評定此指標。假使教師提供額外的時間，但這是自然的懲罰，那麼指標 1.2 為「是」。例如：不能在休息時提供額外的課堂時間或是取代一個特別的活動（像是星期五的同樂時間）。

*指標 3.1　有條理的轉換不是指兒童必須安靜或排隊，而是此轉換必須快速完成並帶有秩序感。無條理的轉換看起來是混亂的，例如：跑來跑去、丟東西或吼叫。

*指標 7.1　根據多數兒童的情況來評定此指標。只考慮發生在教室中或教室與廁所間的轉換。不要將從教室到美勞課、音樂課、體育課、電腦教室、圖書館、會議室和午餐間的轉換列入考慮。從一個既定活動自主地轉換到另一個活動的例子：當兒童完成數學方案，他們開始著手社會學科的研究方案。假使兒童在角落時間於數個角落間移動，那麼將每個角落視為一個「既定活動」，且從一個角落轉換到另一個角落應予計分。

*指標 7.2　必須在活動當天給予額外的時間來完成未完成的活動，或是在當天稍後，兒童繼續著手進行此活動。

16. 家庭的參與（觀察與訪談）

不適當		最低要求		良好		優良
1	2	3	4	5	6	7

1.1 教師沒有和家庭聯繫，除非是由家庭成員先開端。(I)

1.2 只給予家庭極少在班級中參與的選擇性，如：帶款待的東西或陪同戶外教學。(I)

3.1 教師每學年至少透過個別化[a]或大眾化的通訊方式[b]來與家庭聯繫兩次。(O, I)

3.2 教師一年至少舉行兩次親師座談。(I)

3.3 教師定期邀請家庭來參觀教室。(I)

5.1 存在著溝通系統以便家庭與教師間能容易地、以即時的方式聯繫（如：每日家庭聯絡簿、教師提供自身住家電話號碼、語音訊息、教室中的電話、電子郵件）。(O, I)

5.2 提供家庭參與班級相關活動的多樣化選擇（如：觀察、輔導、義工、客座講師、準備教材教具、選擇課程、戶外教學、教室中的餐會）。(I)

5.3 教師已見過所有兒童的家長、監護人或主要照顧者。(I)

7.1 教師一個月至少和家庭聯繫一次，談論關於兒童在學校裡整體的成長。(O, I)

7.2 校方或教師詢問家庭想要以何種方式參與和班級相關的活動。*(I)

7.3 校方或教師至少每年請家庭來評估兒童的教室、學校或教師一次。(I)

---

[a] 個別化通訊方式的例子有：會談、家庭訪問、電子郵件訊息、通話。
[b] 大眾化通訊方式的例子有：班刊、行事曆。

---

*指標 7.2　必須給予家長機會來提供他們對「參與班級活動」的看法。

國小低年級教室實務評量（*APEEC*）

評分表

國小低年級教室實務評量（*APEEC*）
評分表

Mary Louise Hemmeter, Kelly L. Maxwell, Melinda Jones Ault, and John W. Schuster　著　（郭李宗文、劉學融譯）

日期＿＿＿＿＿＿　觀察者姓名＿＿＿＿＿＿＿＿　教師＿＿＿＿＿＿＿＿　學校＿＿＿＿＿＿＿＿＿　年級＿＿＿＿＿＿＿

抵達時間＿＿＿＿＿＿＿＿＿　離開時間＿＿＿＿＿＿＿＿＿　兒童出席人數＿＿＿＿＿＿＿＿＿　特殊兒童人數＿＿＿＿＿＿＿＿

教室作息表	筆記

硬體環境

1. 室內配置（觀察與訪談）

	1	2	3	4	5	6	7	觀察筆記
1.1 _____ 3.1 _____ 5.1 _____ 7.1 _____ 1.2 _____ 3.2 _____ 5.2 _____ 7.2 _____								

7.1 何時允許兒童使用特定的空間來獨自工作？

2. 兒童作品展示（觀察與訪談）

	1	2	3	4	5	6	7	觀察筆記
1.1 _____ 3.1 _____ 5.1 _____ 7.1 _____ 3.2 _____ 5.2 _____ 7.2 _____ 5.3 _____								

3.2 您多常更換展示出來的兒童作品？　　　　　　5.3, 7.2 如何選擇所要展示的兒童作品？

3. 教室易接近性（觀察）

	1	2	3	4	5	6	7	觀察筆記
1.1 _____ 1.2 _____		3.1 _____ 3.2 _____		5.1 _____ 5.2 _____		7.1 _____ 7.2 _____	

4. 健康與教室安全（觀察與訪談）

	1	2	3	4	5	6	7	觀察筆記
1.1 _____ 1.2 _____ 1.3 _____		3.1 _____ 3.2 _____		5.1 _____ 5.2 _____		7.1 _____ NA 7.2 _____ 7.3 _____	

3.1 教室裡有基本急救設備嗎？　是　否　　（如果有）請描述教室裡所存放的設備。

3.2 兒童的醫療和緊急資料存放在哪裡？

5.1 教室裡有電話嗎？　是　否　　（如果沒有）教室裡有可運行的雙向對講系統嗎？　是　否

7.1 您對特殊兒童採取哪些特殊的安全預防措施？

7.2 您有將急救手冊或資料存放在教室中嗎？　是　否

7.3 您或您的助理有急救的認證嗎？　是　否　　心肺復甦術（CPR）？

教學環境

5. 教材教具的使用（觀察與訪談）

	1	2	3	4	5	6	7	觀察筆記
1.1 _____ 3.1 _____ 5.1 _____ 7.1 _____ 1.2 _____ 3.2 _____ 5.2 _____ 7.2 _____								

7.2 您在數學課程方面做了哪些事？（提供哪些教材教具）

語言方面？

科學方面？

社會學科方面？

6. 電腦的使用（觀察與訪談）

	1	2	3	4	5	6	7	觀察筆記
1.1 _____ 3.1 _____ 5.1 _____ 7.1 _____ 3.2 _____ 5.2 _____ 7.2 _____								

1.1, 3.1 兒童多常使用電腦？　　　　　　　　　　3.2, 5.2, 7.2 兒童用電腦來做些什麼事？

7.1 兒童使用網際網路嗎？　　　是　　否

7. 督導兒童的成長（訪談）

	1	2	3	4	5	6	7	觀察筆記
1.1 _____			3.1 _____		5.1 _____		7.1 _____	
			3.2 _____		5.2 _____ NA		7.2 _____ NA	
							7.3 _____	

1.1, 3.1, 7.1 您如何評量兒童的工作與成長？

3.2, 7.1 您多常評量兒童的工作與成長？

5.2, 7.2 您有追蹤兒童在個別化教育計畫（IEP）目標上的成長嗎？　　是　　否
　　　　（如果有）您多常蒐集個別化教育計畫（IEP）目標上的資料？
　　　　（如果沒有）那是特殊教育教師的責任嗎？　　是　　否

3.1, 5.1 您如何運用您所蒐集到的資料？

7.3 您有像與家長般地與兒童有著正式的面談嗎？　　是　　否
　　　（如果有）您多常舉辦此類的面談？

　　　你們討論些什麼？

8. 師生語言（觀察）

	1	2	3	4	5	6	7	觀察筆記
1.1 _____			3.1 _____		5.1 _____		7.1 _____	
1.2 _____			3.2 _____		5.2 _____		7.2 _____	
			3.3 _____		5.3 _____			

9. 教學方法（觀察）

	1	2	3	4	5	6	7	觀察筆記
1.1 _____			3.1 _____		5.1 _____		7.1 _____	
			3.2 _____		5.2 _____		7.2 _____	
					5.3 _____			

10. 主題的統整與廣度（觀察與訪談）

	1	2	3	4	5	6	7	觀察筆記
1.1 _____			3.1 _____		5.1 _____		7.1 _____	
			3.2 _____		5.2 _____		7.2 _____	
					5.3 _____			

3.1 您有在教室中進行藝術課程嗎？ 是 否
　　（如果有）多久一次？

5.3 兒童多久上一次體育課？

5.3 當天氣不佳而不能到戶外進行大肌肉活動時，您都讓兒童做些什麼事？

3.2, 5.2, 7.2 您多常進行數學課程？

　　語言？

　　科學？

　　社會學科？

社會性環境

11. 兒童在決策時的角色（觀察與訪談）

1	2	3	4	5	6	7	觀察筆記

1.1 _____　　3.1 _____　　5.1 _____　　7.1 _____
1.2 _____　　3.2 _____　　5.2 _____　　7.2 _____

5.2, 7.2 兒童有幫忙做任何會影響全班或一群兒童的決定嗎（例如：投票、公共輿論）？　是　否
　　　　（如果有）是什麼樣的決定？

　　　　　兒童多常做這樣的決定？

12. 特殊兒童對課室活動的參與（觀察與訪談）

1	2	3	4	5	6	7	NA	觀察筆記

1.1 _____　　3.1 _____　　5.1 _____　　7.1 _____
1.2 _____　　3.2 _____　　5.2 _____　　7.2 _____

1.1 對於班上所有擁有個別化教育計畫（IEP）的兒童，您知道他們明確的個別　　　　3.1 您有和此兒童（這些兒童）的教育團隊成員交流嗎？　是　否
　　化教育計畫（IEP）目標嗎？　是　否
　　5.1, 7.1（如果是）您或特教教師在一般課程活動中有強調任何　　　　　　　　（如果有）你們討論些什麼？
　　　　　個別化教育計畫（IEP）目標嗎？　是　否
　　　　　（如果是）你們強調多少個別化教育計畫（IEP）目標？　　　　　　　　7.2 您怎麼與團隊中其他的成員一起合作？

13. 社交技巧（觀察）

	1	2	3	4	5	6	7	觀察筆記
1.1 _____		3.1 _____		5.1 _____		7.1 _____		
1.2 _____		3.2 _____		5.2 _____		7.2 _____		
		3.3 _____		5.3 _____				

14. 多元化（觀察與訪談）

	1	2	3	4	5	6	7	觀察筆記
1.1 _____		3.1 _____		5.1 _____		7.1 _____		
		3.2 _____		5.2 _____		7.2 _____		

3.2, 5.2, 7.2 您如何強調多元文化或其他多元化的議題？

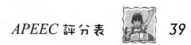

15. 適切的轉換（觀察與訪談）

	1	2	3	4	5	6	7	觀察筆記
1.1 _____			3.1 _____		5.1 _____		7.1 _____	
1.2 _____			3.2 _____		5.2 _____		7.2 _____	

1.2, 7.2 假使兒童沒有在您限定的時間內完成某事，怎麼辦？	3.2, 5.2 假使兒童提早完成某事，怎麼辦？

16. 家庭的參與（觀察與訪談）

	1	2	3	4	5	6	7	觀察筆記
1.1 _____			3.1 _____		5.1 _____		7.1 _____	
1.2 _____			3.2 _____		5.2 _____		7.2 _____	
			3.3 _____		5.3 _____		7.3 _____	

1.1, 3.1, 5.1, 7.1 您如何與家庭聯繫？ 　　　　您多常與家庭聯繫？	1.2, 5.2 家庭成員有機會參與班級活動嗎？　是　否 　　　　（如果有）是哪些類型呢？
3.2 您有舉辦親師座談嗎？　是　否 　　（如果有）多久一次？	3.3 家庭成員能來參觀教室嗎？　是　否 　　　　（如果能）什麼時候？
5.1 教室裡有電話嗎？　是　否 　　（如果沒有）家庭成員如何與您保持聯絡？	5.3 您有見過所有的家長嗎？　是　否
7.1 您運用什麼方法來與家庭成員談論兒童的成長？ 　　您多常與家庭成員談論兒童的成長？	7.2 您如何決定家長所能幫忙的班級相關活動？ 7.3 家長曾經被邀請來評估學校、教室或教師嗎？　是　否 　　（如果有）多久一次？

國小低年級教室實務評量（*APEEC*）總分表

使用說明：此總分表是給**標準評分方法**所使用的。使用此表來加總各題項的得分並計算 *APEEC* 的總分。

    1. 從評分表上將每個題項的得分謄寫到下方相對應的空白線上。

    2. 將所有題項的得分加在一起，並在相對應的空白線上填入總和。

    3. 將所評分的總題數填入相對應的空白線上。

    4. 用題項得分的總和（橫線2）來除以評分總題數（橫線3），並將得到的數值（商）填入相對應的橫線上。

1. 各題項的得分

硬體環境

    1. _____
    2. _____
    3. _____
    4. _____

教學環境

    5. _____
    6. _____
    7. _____
    8. _____
    9. _____
   10. _____

社會性環境

   11. _____
   12. _____
   13. _____
   14. _____
   15. _____
   16. _____

2. 題項得分的總和＝_____

3. 評分總題數＝_____

4. *APEEC* 總分＝_____

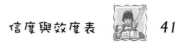

表一　國小低年級教室實務評量（*APEEC*）各題項之評分員間一致性資料

題項	完全一致之百分率 （*N*=59）	差距 1 分之內的一致性百分率 （*N*=59）	加權 Kappa 指數 （*N*=59）
1. 室內配置	59	78	.62
2. 兒童作品展示	61	86	.67
3. 教室易接近性	36	75	.39
4. 健康與教室安全	86	95	.78
5. 教材教具的使用	41	75	.53
6. 電腦的使用	66	85	.68
7. 督導兒童的成長	53	78	.47
8. 師生語言	39	73	.48
9. 教學方法	68	86	.67
10.主題的統整與廣度	63	85	.61
11.兒童在決策時的角色	63	90	.72
12.特殊兒童對課室活動的參與	58	80	.55
13.社交技巧	58	73	.58
14.多元化	63	83	.58
15.適切的轉換	41	69	.41
16.家庭的參與	71	80	.66

表二　國小低年級教室實務評量（*APEEC*）與其他適性發展實務量表間之皮爾遜（Pearson）相關係數

量表	幼兒教育課程評量檔案 （*Assessment Profile for Early Childhood Programs*） （*N*=69）	教師信念與實務量表之適性發展實務 （*TBPS Developmentally Appropriate Practices*） （*N*=68）	教師信念與實務量表之非適性發展實務 （*TBPS Developmentally Inappropriate Practices*） （*N*=68）	保育員互動量表 （*Caregiver Interaction Scale*） （*N*=61）
國小低年級教室實務評量 （*APEEC*）	.67	.55	-.28	.61

國家圖書館出版品預行編目資料

國小低年級教室實務評量（APEEC）/ M. L.
Hemmeter 等著；郭李宗文、劉學融譯.
-- 初版. -- 臺北市：心理, 2007 [民 96]
面；　公分. --（幼兒教育；105）
譯自：Assessment of practices in early
elementary classrooms（APEEC）
ISBN 978-986-191-025-3（平裝）

1. 小學－評鑑　2. 教室管理

523.7　　　　　　　　　　　　96008707

幼兒教育 105　　**國小低年級教室實務評量（APEEC）**

原　作　者：M. L. Hemmeter, K. L. Maxwell, M. J. Ault, & J. W. Schuster
譯　　　者：郭李宗文、劉學融
執 行 編 輯：陳文玲
總　編　輯：林敬堯
發　行　人：洪有義
出　版　者：心理出版社股份有限公司
社　　　址：台北市和平東路一段 180 號 7 樓
總　　　機：(02) 23671490　　傳　　　真：(02) 23671457
郵　　　撥：19293172　心理出版社股份有限公司
電子信箱：psychoco@ms15.hinet.net
網　　　址：www.psy.com.tw
駐美代表：Lisa Wu　Tel：973 546-5845　Fax：973 546-7651
登　記　證：局版北市業字第 1372 號
電腦排版：臻圓打字印刷有限公司
印　刷　者：東縉彩色印刷有限公司
初版一刷：2007 年 6 月